Möhren, Lauch & Pastinaken

Kochen mit Wintergemüse

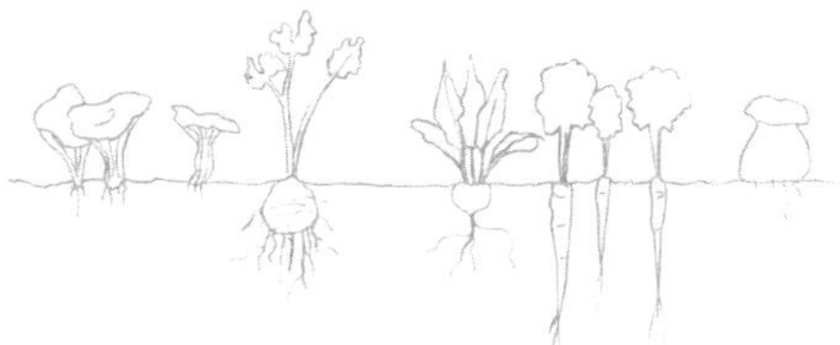

Camille Antoine

Fotografien von Nathalie Carnet

Inhalt

Gemüse-Portraits

Die Kardone, Cardy oder **Gemüseartischocke** stammt aus dem Mittelmeerraum und ist eine Artischockenart. Gegessen werden die Blattstiele, die man noch mit den Blättern daran kauft. Sie müssen dick und fleischig sein. Gekocht kann man die Cardy kalt mit einer Vinaigrette oder warm mit Butter, Sahne oder gratiniert genießen … Sie passen auch gut zu weißem Fleisch.

Kardone

Rote Bete

Die Rote Bete enthält einen intensiv roten Farbstoff. Man schält sie daher am besten mit Gummihandschuhen. Über den sattsam bekannten Salat hinaus kann man mit ihr zahlreiche Gerichte zubereiten. So kann man sie in hauchdünnen Scheiben mit Käse wie Feta oder Ziegenfrischkäse servieren.

Brunnenkresse

Die Brunnenkresse, die ein wenig dem Feldsalats ähnelt, wird meist bundweise verkauft. Brunnenkressesuppe ist in Frankreich ein Klassiker. Aber die Kresse ergibt auch einen köstlichen Salat. Dank ihres leicht säuerlichen Aromas kann sie im Pesto das Basilikum ersetzen.

Feldsalat

Der Feldsalat wird lose nach Gewicht oder in Schälchen verkauft und steht von September bis März überall in den Läden. Wie Portulak ist er in der Mittelmeerküche allgegenwärtig. Er ist reich an den so gesunden, lebensnotwendigen Omega-3-Fettsäuren.

Rotkohl

Der Rotkohl kommt in Frankreich meistens roh als Salat auf den Tisch. Als solcher entwickelt er zusammen mit Äpfeln und Koriander ein unvergleichliches Aroma. Dennoch ist er auch gedünstet mit Nelken, Zimt, Äpfeln und Rotwein eine winterliche Delikatesse.

Blumenkohl

Der Blumenkohl ist einfach zuzubereiten und gehört zu einer ausgewogenen Ernährung. Seine Ballaststoffe sättigen und dämpfen den Appetit. In Butter gedünstet, gratiniert oder kalt im Salat ist er in Deutschland das am häufigsten verzehrte Kohlgemüse.

Großmutters Ofengemüse

* 200 g gelbe oder violette Karotten (vom Gemüsehändler oder Bio-Markt)
* 200 g Pastinaken
* 200 g Steckrüben
* 200 g Topinambur-Knollen
* 4 gelbe Herbstrüben (Butterrüben)
* 3 oder 4 Schwarzwurzeln
* 1 Knolle rosa Knoblauch
* 150 ml Olivenöl
* 3 Stängel glatte Petersilie
* 2 TL Meersalz (»Fleur de Sel«)
* Pfeffer aus der Mühle (Bunte Pfeffermischung)

Vorbereitung des Gemüses. Biogemüse unter fließendem Wasser mit der Gemüsebürste abbürsten (nicht schälen, um wertvolle Mineralstoffe in der Schale zu erhalten). Anderes Gemüse waschen und schälen. Das Gemüse in Stücke oder dicke Scheiben schneiden. Die Knoblauchzehen nicht schälen, sie werden in der Schale mitgebacken.

Backofen vorheizen auf 200 °C.

Ein Backblech mit einem großen Stück Backpapier auslegen.

Reichlich Salzwasser in einem großen Topf zum Kochen bringen. Sämtliche Gemüsestücke in das sprudelnde Wasser geben und 5–7 Minuten kochen lassen.

Gemüse herausnehmen und abtropfen lassen. Das Gemüse auf dem Blech mit Backpapier regelmäßig verteilen. Das Olivenöl darübergeben, die Knoblauchzehen hinzufügen, salzen und pfeffern. Das Gemüse in den Backofen schieben und 1 Stunde backen.

Petersilie waschen und hacken. Das fertig gebackene Gemüse mit Petersilie bestreuen und sofort servieren.

In grobe Würfel geschnittenes Kürbisfleisch (**Butternuss** (Moschus) oder **Riesenkürbis**) macht, je nach Wahl, die Gemüseauswahl komplett.

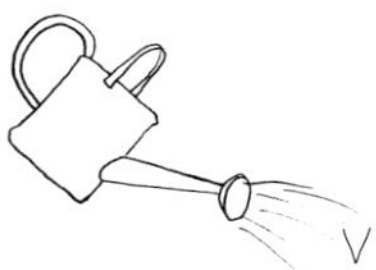

VORBEREITUNG: 25 MIN.
BACKZEIT: 1 STD. 10 MIN.

FÜR
4 PERS.

Rote-Bete-Suppe à la Bortsch

* 2 Kartoffeln
* 1 Karotte
* 2 Knoblauchzehen
* 1 milde Zwiebel
* 2 rohe oder gekochte Rote Bete (ungefähr 400 g)
* 2 EL Olivenöl
* 1 Brühwürfel
* 1 EL Tomatenmark
* 1 EL Zucker
* 1 EL Weißweinessig
* 1 Joghurt, cremig gerührt (optional)
* 3 EL fein geschnittener Schnittlauch
* 1 EL gehackter Dill
* 4 TL Crème Double
* Salz und Pfeffer aus der Mühle

Kartoffeln waschen, schälen und grob würfeln. Die Karotte waschen, schälen und fein reiben. Knoblauchzehen und Zwiebeln schälen und in dünne Scheiben schneiden. Rote Bete schälen und fein reiben.

Zwiebel und Knoblauch in Olivenöl in einer großen Schmorpfanne anbraten. Die geriebene Karotte, Kartoffeln und die geriebenen Roten Bete hinzufügen und mit 1 ½ Liter Wasser aufgießen. Den Brühwürfel hinzugeben, salzen und pfeffern. Gut 20 Minuten köcheln lassen, bis die Kartoffeln weich sind.

Tomatenmark, Zucker und Essig zum Gemüse geben und alles weitere 10 Minuten köcheln lassen. Falls gewünscht, den **Joghurt unterheben.** Anschließend das Gemüse mit dem Rührstab pürieren. Die Suppe erneut erhitzen und aufwallen lassen. Vom Feuer nehmen.

Die Kräuter waschen und klein schneiden.

Kurz vor dem Servieren die **Crème fraîche** hinzufügen und mit Schnittlauch und Dill bestreuen.

Die Suppe kann auch mit unpüriertem Gemüse serviert werden.

Der Geschmack ist derselbe, doch die Konsistenz ähnelt eher einem Eintopfgericht.

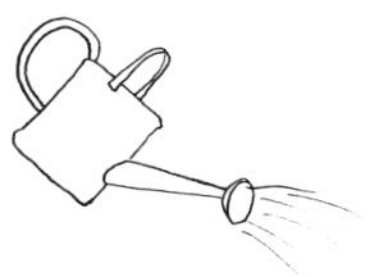

VORBEREITUNG: 20 MIN.
KOCHZEIT: 35 MIN.

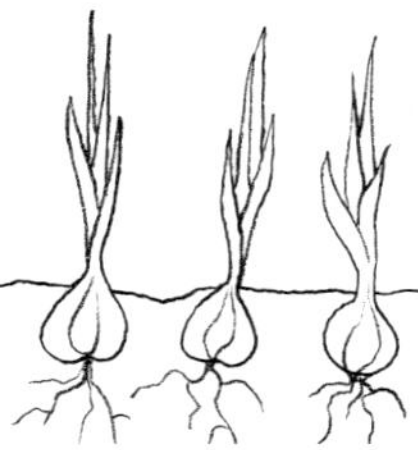

Moschuskürbis-Gratin mit Parmesan und Pinienkernen

* 1 mittelgroßer Moschuskürbis (Butternut, ungefähr 400 g)
* 2 Knoblauchzehen
* 1/2 Bunc glatte Petersilie
* 1/2 Bund Schnittlauch
* 350 g Ricotta
* 250 ml Schlagsahne
* 100 g geriebener Parmesan
* 2 EL Pinien- oder Kürbiskerne
* Salz und Pfeffer aus der Mühle

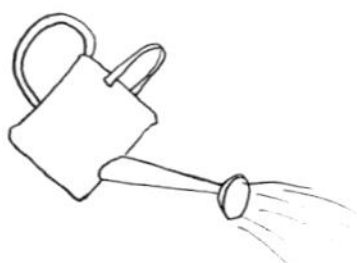

VORBEREITUNG: 15 MIN.
BACKZEIT: 30–35 MIN.

Backofen vorheizen auf 180 °C.
Moschuskürbis schälen und in 1–2 cm große Würfel schneiden. Das Kürbisfleisch 5 Minuten in kochendes Salzwasser geben und anschließend herausnehmen und abtropfen lassen. Ebensogut kann das Kürbisfleisch 5 Minuten in einer Schale mit Deckel in der Mikrowelle gegart werden.
Knoblauchzehen schälen und in dünne Scheiben schneiden. Petersilie und Schnittlauch waschen und kleinschneiden.
In einer Schüssel Ricotta, Knoblauch, Kräuter, Salz und Pfeffer mischen.
Eine feuerfeste Form einfetten. Das gewürfelte Kürbisfleisch hineingeben, die Ricottamischung darüberstreichen und anschließend mit Parmesan bestreuen. Die Pinienkerne (oder die Kürbiskerne) darauf verteilen und für 25–30 Minuten in den Backofen schieben.

FÜR
4 PERS.

FÜR
4 PERS.

Kardonen-Gratin mit Rinderknochenmark

* 1 Zitrone
* 1 kg Kardonen (Gartenartischocken, s. S. 4)
* 2 EL Mehl (fein, Type 450–550)
* 1 Schalotte (oder Milde Zwiebel der Cevennen)
* 1 Knoblauchzehe
* 1/2 Bund glatte Petersilie
* 150 ml Weißwein
* 100 g Rindermark (von ungefähr 4 Knochen)
* 500 ml Rinderbrühe
* 1 EL Kalbsfond
* 2 Zwieback
* Meersalz (»Fleur de Sel«) und Pfeffer aus der Mühle

Zitrone auspressen und Saft in eine Schüssel mit kaltem Wasser gießen.
Kardonen waschen, die Stängel unten abschneiden und die zähen, groben Längsfasern abziehen. Anschließend in 2–5 cm lange Stücke schneiden und nach und nach in das Zitronenwasser legen, damit sie nicht anlaufen.
Kardonen aus dem Zitronenwasser nehmen und in einen großen Topf mit kochendem Salzwasser geben.
Mehl hinzufügen und 40 Minuten lang köcheln lassen.

Zwiebel und Knoblauch schälen und in dünne Scheiben schneiden. Petersilie waschen und klein hacken.
Weißwein in einen Schmortopf gießen, Zwiebeln und Knoblauch hinzufügen. Auf kleinem Feuer simmern lassen.
Backofen vorheizen auf 160 °C.
Rindermark vorsichtig aus den Markknochen lösen und in den Schmortopf geben. Flüssigkeit unter Rühren reduzieren. Mit einer Suppenkelle Rinderbrühe aufgießen und erneut umrühren. Den Kalbsfond und die restliche Rinderbrühe dazugeben. Weiter rühren, um eine samtige Konsistenz zu erhalten. Petersilie einstreuen, salzen und pfeffern.
Eine Auflaufform buttern. Zwieback reiben. Die Kardonen abtropfen lassen und in die Auflaufform geben. Die Soße darübergießen und mit den Zwiebackbröseln bestreuen. Für 20–25 Minuten im Backofen überbacken.

VORBEREITUNG: 35 MIN.
BACKZEIT: 1 STD. 15 MIN.–
1 STD. 20 MIN.

Vichy-Karotten

Neue/alte Karottensorten

Das Aroma von **Karotten** fällt je nach Sorte unterschiedlich aus, doch am besten sind sie alle, wenn sie jung und frisch sind. Auch unter den späten Sorten gibt es sehr aromatische, süße, geradezu berühmt ist die Bretonische Sandmöhre, in Deutschland im Bio-Anbau beliebt ist die purpurrote Sorte »Purple Haze«.

* 700 g Bio-Karotten
* 2 EL Olivenöl
* 40 g mild gesalzene Butter
* 250 ml feinperliges Mineralwasser
* 3 Stängel frischer Koriander
* 1 Prise Meersalz »Fleur de Sel«
* Pfeffer aus der Mühle

Karotten waschen, schälen und in nicht zu dicke Scheiben schneiden.
Olivenöl in einen Topf mit dickem Boden oder in eine tiefe Pfanne geben, 3 Minuten auf kleiner Flamme erhitzen und das Stück Butter hinzufügen. Langsam schmelzen lassen. Die Karotten dazugeben. Mit dem Holzlöffel sorgfältig im Fett wenden, pfeffern.
Mit dem Mineralwasser ablöschen, sobald Buttersauce und Karotten leicht goldbraun sind. Die Pfanne mit einem Deckel schließen.
15–20 Minuten köcheln lassen, bis die Karotten butterweich sind.
Koriander waschen und kleinschneiden. Kurz vor dem Servieren Koriander und Salz über die Karotten streuen.

VORBEREITUNG: 15 MIN.
KOCHZEIT: 20–25 MIN.

FÜR
4 PERS.

Koriander
nicht vergessen!

FÜR
6/8 PERS.

Karottenkuchen mit Pinienkernen

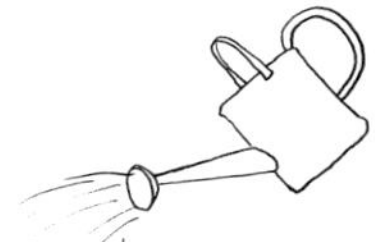

In Sandböden gezogene Karotten eignen sich für diese süße Zubereitungsart besonders gut.

* 250 g Karotten
* 70 g Sultaninen oder Rosinen
* 4 EL brauner Rum
* 1 unbehandelte Zitrone
* 150 g Vollrohrzucker (Mascobado)
* 125 ml Pflanzenöl (Oliven- oder Sonnenblumenöl)
* 1 TL flüssiger Vanilleextrakt
* 3 Eier
* 250 g gemahlene Mandeln
* 1/2 TL gemahlene Muskatnuss
* 3 EL Pinienkerne

Karotten waschen, schälen, raspeln und mit einem Küchentuch trockentupfen.

Sultaninen oder Rosinen in einer kleinen Schüssel mit Rum einweichen und 2 Minuten in der Mikrowelle erhitzen. Zitrone waschen, zuerst die Schale abreiben, dann auspressen.

Backofen vorheizen auf 180 °C.

In einer Schüssel Zucker und Öl aufschlagen, bis eine cremige Masse entsteht.

Vanilleextrakt hinzufügen, Eier einzeln mit dem Schneebesen einarbeiten. Anschließend gemahlene Mandeln, Muskatnuss, geriebene Karotten, Rosinen oder Sultaninen mit Rum hinzufügen und gut durchrühren. Zitronenabrieb und Zitronensaft untermischen. Teig in eine Backform füllen, Oberfläche glattstreichen und mit den Pinienkernen bestreuen.

Für 30 Minuten in den Backofen schieben.

Anschließend mit einem Messer die Garprobe machen. Ist der Kuchen noch zu flüssig, 5–8 Minuten weiter backen.

Nach dem Herausnehmen den Kuchen in der Form 10 Minuten ruhen lassen. Anschließend in der Form servieren oder aus der Form nehmen und auf einem Gitter abkühlen lassen.

Dieser Kuchen unterscheidet sich durch seinen zart schmelzenden Kern von den üblichen Karottenkuchenrezepten. Man kann ihn mit gesüßter Crème Double servieren.

VORBEREITUNG: 15 MIN.
BACKZEIT: 30–38 MIN.
RUHEZEIT: 10 MIN.

Knollensellerie in der Salzkruste

* 1 Sellerieknolle
* 2 kg grobes, graues Meersalz (bio)
* Olivenöl
* Pfeffer aus der Mühle

Backofen vorheizen auf 200 °C.
Sellerieknolle waschen. Eine Schicht grobes, graues Meersalz auf dem Boden eines gusseisernen Schmortopfs (oder einer Backform) verteilen, den Sellerie hineinsetzen und mit Meersalz bedecken. Den Topf oder die Form mit einem Deckel oder Alufolie verschließen.
In den Ofen schieben und 1 bis 1 ½ Stunden backen. Nach der Hälfte der Backzeit die Hitze auf 180 °C reduzieren.
Schmortopf oder Form aus dem Backofen nehmen und 30–40 Minuten auskühlen lassen, bevor man die Salzkruste mit einem großen Löffel oder einem Schöpflöffel öffnet.
Den Sellerie auf eine Platte legen, halbieren und das gebackene Selleriepüree löffelweise gepfeffert und mit Olivenöl beträufelt servieren.

Céleri-rave

Knollensellerie ist unter natürlichen Verhältnissen eine zweijährige Pflanze. In Kultur benötigt er jedoch nur 6 Monate zur Erntereife. Die Blätter seines krautigen Teils sind ein pikantes Würzmittel, sein zartes, cremiges Fleisch ist delikat und aromatisch.

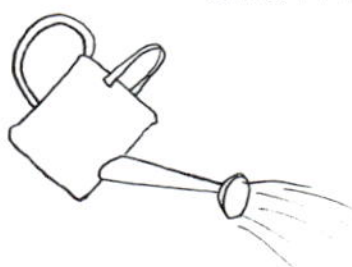

VORBEREITUNG: 10 MIN.
BACKZEIT: 1–1 1/2 STD.
RUHEZEIT: 30–40 MIN.

Die Zubereitung in der Salzkruste ist vor allem bei Fischen wie Wolfsbarsch üblich, kann jedoch ebenso gut zum Garen von Gemüsesorten wie zum Beispiel dem Knollensellerie angewendet werden.

Gut eingepackt in eine dicke Kruste aus grobem Meersalz, gart die Sellerieknolle praktisch im eigenen Saft, und das jodierte Aroma des Salzes verleiht dem Gemüse einen ganz besonderen Geschmack.

FÜR 4 PERS.

Champignon-Pfanne mit eingelegter Zitrone

* 2 Scheiben altbackenes Weißbrot
* 500 g weiße Champignons
* 1 marokkanische Salzzitrone (aus dem Feinkostladen oder dem Internet)
* 1 Knoblauchzehe
* 1/2 Bund glatte Petersilie
* 100 ml Olivenöl
* 3 EL Crème Double
* Salz und Pfeffer aus der Mühle

Weißbrotscheiben rösten und im Mixer zu Semmelbröseln verarbeiten.
Champignons putzen und je nach Größe halbieren oder vierteln. Die eingelegte Zitrone in kleine Würfel oder in dünne Scheiben schneiden. Die Knoblauchzehe schälen. Petersilie waschen und kleinhacken.
In einer Pfanne das Olivenöl erhitzen. Die Knoblauchzehe im heißen Öl anbraten, die Champignons dazugeben und goldbraun braten. Nach und nach unter ständigem Rühren die eingelegte Zitrone, die Semmelbrösel und die Crème Double untermischen.
Die Pfanne vom Feuer nehmen. Die Pilzpfanne salzen, pfeffern, Petersilie darüber streuen und sofort servieren.

VORBEREITUNG: 10 MIN.
BRATZEIT: 15–20 MIN.

Weiße Champignons

Braune und Weiße Kulturchampignons:
Weiße Kulturchampignons sind das ganze Jahr über erhältlich und können sowohl gebraten als auch roh verzehrt werden, vorausgesetzt sie sind sehr frisch. Man sollte darauf achten, dass die Hüte beim Kauf noch fest geschlossen und ihre Lamellen nicht sichtbar sind. Ein enger Verwandter des Weißen Champignons ist der oft noch aromatischere Braune Champignon.

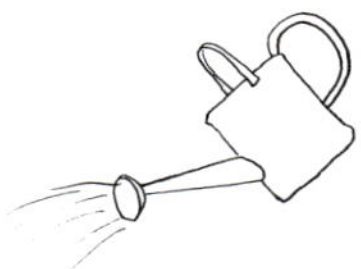

Maronensuppe

Werden frische Esskastanien verwendet, müssen diese zuerst geschält werden. Dazu mit einem spitzen Messer die Schale an der abgeflachten Seite kreuzweise einschneiden. Danach die Kastanien 10–15 Minuten in kochendes, heißes Wasser geben und kurz in kaltem Wasser abschrecken. Anschließend die Kastanien schälen, die dünne, innere Haut sorgfältig entfernen.
Tiefgefrorene oder vakuumverpackte, bereits geschälte Kastanien sind eine gute Alternative.

VORBEREITUNG: 10 MIN.
KOCHZEIT: 35 MIN.

Beim Schälen der Kastanien auch die innere, dünne Haut entfernen.

Maronen

* 2 Schalotten
* 1 Zehe Knoblauch
* 1 EL Olivenöl
* 400 g geschälte, vorgekochte Kastanien
* 100 ml Weißwein
* 150 ml Milch
* 300 ml Schlagsahne
* Salz und Pfeffer (Bunte Pfeffermischung)

Schalotten und Knoblauch in feine Scheiben schneiden.
In einem Topf das Olivenöl erhitzen. Knoblauch und Schalotten leicht anbraten, die Kastanien hinzufügen und 5–8 Minuten mitdünsten.
Mit Weißwein ablöschen, gut durchrühren und alles 3 Minuten bei schwacher Hitze köcheln lassen. Schließlich die Milch und 100 ml Wasser dazugeben. Bei geschlossenem Topf 20 Minuten weiterkochen.
Vom Feuer nehmen. Die Sahne angießen und alles pürieren, bis eine cremige und homogene Masse entsteht. Salzen und pfeffern.
Die Suppe in Schüsseln servieren und mit kleingehackten, gekochten Kastanien bestreuen.

Die Esskastanie ist ein sehr altes Nahrungsmittel des Menschen und gehört vor allem zur Küche des Mittelmeerraums, der Schweiz und Süddeutschlands. Aus Kastanien wird auch Mehl gewonnen, mit dem Brot und Kuchen gebacken werden.

Kleine Knoblauch-Croûtons runden den Geschmack ab.

Für einen optimalen Genuss sollten diese Flans innen saftig bleiben.

Kleine Rosenkohl-Flans mit Bohnenkraut

* 300 g Rosenkohl
* 100 g Mimolette (franz. Hartkäse)
* 1/2 Bund Bohnenkraut
* 3 Eier
* 1 TL Maisstärke
* 100 ml Milch
* 100 ml Schlagsahne
* 1 TL Gewürze nach Wahl (z.B. Tandoori Masala, Garam Masala, Paprika oder Kreuzkümmel)
* Salz

Rosenkohl

Rosenkohl wurde zuerst in Belgien gezüchtet, daher der Name »Brüsseler Kohl«. Man serviert ihn gedünstet oder püriert, als Auflauf oder in Eintöpfen. Um seinen strengen Kohlgeruch abzumildern, versetzt man ihn mit dem stark duftenden Bohnenkraut, das an Thymian erinnert.

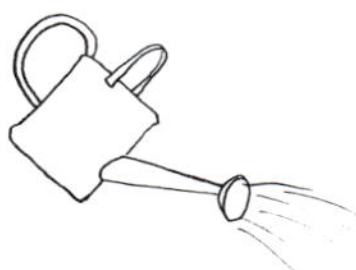

Backofen vorheizen auf 210 °C. Vier kleine Auflaufförmchen buttern.
Rosenkohlröschen putzen und halbieren. Mimolette reiben. Das Bohnenkraut waschen und Blätter abstreifen.
In einer Schüssel Eier mit Maisstärke aufschlagen. Milch und Sahne unter ständigem Rühren dazugießen. Geriebenen Mimolette, die Rosenkohlhälften und das Bohnenkraut unterheben. Salzen und das Gewürz Ihrer Wahl einstreuen. Die Teigmischung auf die 4 feuerfesten Förmchen verteilen (falls etwas übrig bleibt, noch ein 5. Förmchen oder eine Muffinform füllen). Für 30 Minuten in den Ofen schieben.
Die Flans herausnehmen, wenn sie goldgelb sind, und sofort servieren.

VORBEREITUNG: 20 MIN.
BACKZEIT: 30 MIN.

Feldsalat mit Weißkohl und pochierten Eiern

* 1/2 Bund Estragon
* 1/2 Bund Schnittlauch
* 1 gute Handvoll Feldsalat
* 1/2 Kopf Weißkohl
* 4 große Eier
* 2 EL Sherryessig

Für die Vinaigrette

* 1 TL Zucker
* 1 TL Salz
* 1 EL Reisessig
* 3 EL Olivenöl

Vinaigrette in einer Schüssel zubereiten. Mit einer Gabel Zucker, Salz und Reisessig vermischen und das Olivenöl kräftig einrühren, bis eine homogene Sauce entsteht.
Kräuter abbrausen, fein schneiden und 2 EL davon in die Vinaigrette geben.
Feldsalat waschen und putzen, abtropfen lassen und in eine Schüssel geben. Den halben Weißkohl fein schneiden und mit dem Feldsalat vermischen.
Die Eier aufschlagen und jedes in eine Kaffeetasse gleiten lassen.
Wasser in einem Topf erhitzen und den Sherryessig eingießen. Sprudelt das Wasser, ein Ei hineingleiten lassen. Das Wasser erneut aufkochen lassen und das Ei 5 Minuten pochieren, bis das Eiweiß gestockt ist.
Ei mit einem Schaumlöffel herausnehmen und auf einen mit Küchenpapier ausgelegten Teller legen.
1 Minute warten, bevor man das nächste Ei in das Essigwasser gibt. Mit den restlichen Eiern ebenso verfahren.
Die Vinaigrette über den Salat gießen und alles gut vermischen. Den Salat auf vier Teller verteilen, jeweils ein pochiertes Ei in die Mitte legen und die restlichen Kräuter darüberstreuen. Sofort servieren!

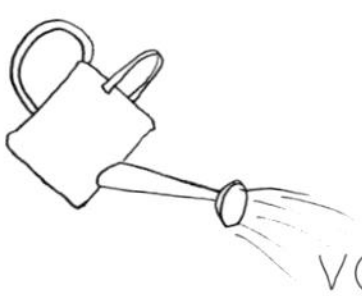

VORBEREITUNG: 35 MIN.
KOCHZEIT: 25 MIN.

Für 4 Personen genügt ein halber Kohlkopf. Üblicherweise sollte man beim Gemüsehändler auch einen halben Kohlkopf kaufen können.

FÜR
4 PERS.

Wer möchte, kann kleine
Rosinen hinzugeben.
FÜR
4 PERS.

Rotkohl-Gemüsepfanne mit Speck

* 1/2 Rotkohl
* 2 kleine Kartoffeln
* 2 Schalotten
* 200 g geräucherter Speck
* 2 EL Olivenöl
* 150 ml Weißwein
* 1 TL Ingwerpulver
* 1 TL gemahlener Kreuzkümmel
* 1 EL Balsamicoessig oder flüssiger Honig

Die äußeren Blätter des Rotkohls entfernen. Den Rest in sehr dünne Streifen schneiden. Kartoffeln waschen, schälen und würfeln. Schalotten schälen und kleinhacken. Den Speck würfeln oder in Streifen schneiden.

In einer tiefen Pfanne das Olivenöl langsam erhitzen. Die Schalotten hineingeben und nur glasig dünsten. Speck und anschließend die Kartoffeln hinzufügen. Leicht goldbraun anbraten. Den fein geschnittenen Rotkohl untermischen. Weißwein angießen. Das Gemüse in der zugedeckten Pfanne 15 Minuten dünsten.

Das Ingwerpulver und den Kreuzkümmel einstreuen und gründlich verrühren. Balsamicoessig oder Honig hinzufügen und 5–10 Minuten auf größerer Flamme und unter ständigem Rühren weiterköcheln lassen, damit das Gemüse leicht karamellisiert wird. Danach sofort servieren.

Die **Rotkohl-Gemüsepfanne** ist einfach zuzubereiten. Den besonderen Geschmack gewinnt dieses Gericht durch Balsamicoessig oder Honig.

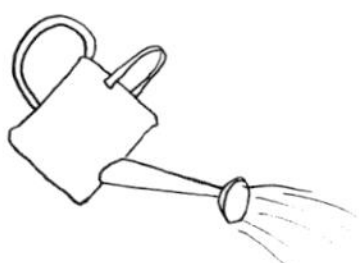

VORBEREITUNG: 20 MIN.
KOCHZEIT: 30–35 MIN.

Blumenkohl im Bierteig mit selbstgemachtem Curry

* 1 Blumenkohl (weiß oder violett)
* 1 kleine Chilischote
* 200 g Mehl
* 1 TL Backpulver
* 350 ml helles Bier
* 1 Liter Frittieröl
* 1 Zitrone
* Meersalz »Fleur de Sel«

Für die Currymischung

* 1 EL Senfkörner
* 1 EL getrockneter Kreuzkümmel
* 1 TL schwarze Pfefferkörner (oder Bunte Pfeffermischung)
* 1 TL Kurkuma
* 2 Priesen feines Salz

Blumenkohl waschen und in kleine Röschen zerteilen.
Für das Curry in einem Mörser Senfkörner, Kreuzkümmel und Pfefferkörner zerstoßen oder im Mixer fein mahlen. Kurkuma und Speisesalz untermischen.
Die Chilischote entkernen und in feine Streifen schneiden. Das Mehl und das Backpulver in einer Schüssel mit der Currymischung vermengen. Chilistreifen hinzufügen. In der Mitte eine Kuhle ins Mehl drücken. Bier hineingießen und mit der Mehlmischung nach und nach zu einem glatten Teig verrühren.

Das Frittieröl in der Fritteuse oder in einem Wok erhitzen. Ist das Öl heiß (es darf nicht rauchen), 4 oder 5 Blumenkohlröschen in den Teig geben und anschließend im Öl 4–6 Minuten ausbacken. Wenn sie goldbraun sind, mit einem Schaumlöffel herausnehmen und auf Küchenpapier abtropfen lassen. Auf diese Weise den ganzen Blumenkohl verarbeiten.
Die ausgebackenen Blumenkohlröschen mit Meersalz bestreuen, mit Zitronensaft beträufeln und sofort servieren.

Auch gegen die Verwendung einer fertigen **Currymischung** ist nichts einzuwenden. Dann lässt man die Zutaten für den hausgemachten Curry und die Chilischote weg und mischt das Currypulver sofort unter das Mehl.

VORBEREITUNG: 15 MIN.
FRITTIERZEIT: 25–30 MIN.

FÜR
4 PERS.

Rührei mit Brunnenkresse und gebeiztem Lachs

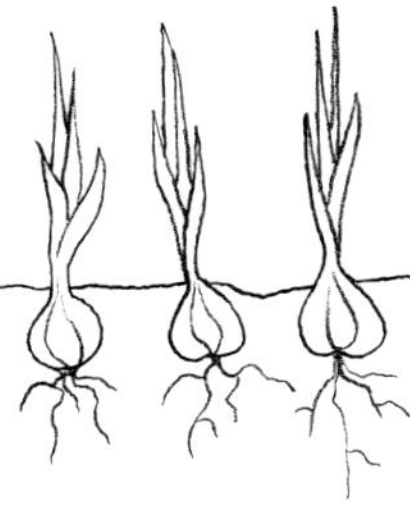

* 200 g gebeizter Lachs (Graved Lachs)
* 1 Bund Brunnenkresse
* 1 Schalotte
* 1 EL Olivenöl
* 20 g Butter
* 6 sehr frische Eier
* 3 EL Crème Double
* 2 oder 3 EL Ziegenfrischkäse
* 1/2 Bund Dill
* Meersalz »Fleur de Sel«
* Pfeffer aus der Mühle

Gebeizten Lachs (Graved Lachs) in Streifen schneiden. Brunnenkresse waschen, trockentupfen und die Blätter kleinschneiden. Die Schalotte schälen und in kleine Würfel schneiden.

In einer großen Pfanne Olivenöl mit Butter sanft erhitzen und die Schalottenwürfel 2 Minuten darin anbraten. Die gehackten Brunnenkresseblätter dazugeben und 1 oder 2 Minuten unter sanftem Rühren weich dünsten.

Eier aufschlagen und mit der Crème Double in die Pfanne gießen. Mit einem Holzlöffel in Form einer 8 durchrühren, damit die Eier nicht wie ein Omelette stocken (das ist schnell passiert). Den Ziegenfrischkäse dazugeben, salzen und pfeffern.

Dill waschen, trockentupfen und kleinzupfen.

Kurz vor dem Servieren die Eier mit Dill und Lachsstreifen bestreuen.

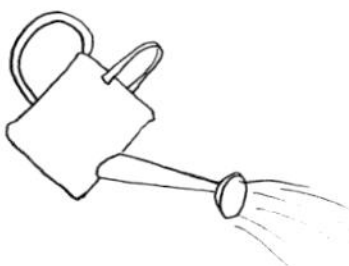

VORBEREITUNG: 15 MIN.
KOCHZEIT: 15 MIN.

Knollenziest-Salat mit Quinoa und Grapefruit

* 500 g Knollenziest (s. S. 50)
* 100 g grobes, graues Meersalz
* 2 rosa Grapefruits
* 200 g Quinoa
* 1/2 Bund glatter Petersilie
* Salz und Pfeffer aus der Mühle

Für die Salatmarinade

* 2 EL Balsamicoessig oder Apfelessig
* 1 großer EL Sojasoße
* 4 EL Olivenöl
* 1 EL Haselnuss- oder Walnussöl

Stängelansätze der Knollen abschneiden. Knöllchen auf ein mit grobem Meersalz bedecktes, ausgebreitetes Küchenhandtuch legen. Die Enden des Küchentuchs zusammenfassen und die Knollen kräftig reiben, um sie zu säubern. Anschließend in ein Sieb geben und das Salz unter fließendem Wasser abwaschen.

Grapefruits schälen und filetieren, indem man das Fruchtfleisch aus den einzelnen Trennhäuten löst.

Einen Topf mit Salzwasser erhitzen. Knöllchen ins sprudelnde Wasser werfen und 15 Minuten kochen lassen.

Quinoa 10–15 Minuten nach Packungsvorschrift kochen.

Knollenziest und Quinoa abtropfen und kalt werden lassen.

Petersilie waschen und kleinschneiden.

Für die Salatsoße Essig, Sojasoße und Öle in einer Schüssel cremig rühren.

Quinoa und Knollen in einer großen Salatschüssel mischen. Grapefruitfilets und Petersilie dazugeben. Vorsichtig vermengen. Die Salatsauce darübergießen, erneut mischen und sofort servieren.

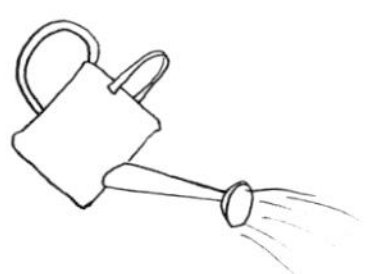

VORBEREITUNG: 20 MIN.
GARZEIT: 15 MIN.

FÜR
4 PERS.

Gebratener Chicorée mit Orange

* 8 Chicorée
* 1 unbehandelte Orange
* 1/2 Bund glatte Petersilie oder Kerbel
* 3 EL Olivenöl
* 200 ml Schlagsahne
* Meersalz »Fleur de sel«
* Pfeffer (Bunte Pfeffermischung)

Chicorée putzen (von äußeren, welken oder bräunlichen Blättern befreien). Unter fließendem, kaltem Wasser kurz abbrausen (nicht ins Wasser legen!) und trockentupfen. Der Länge nach halbieren und den Strunk herausschneiden, dann der Länge nach in Viertel schneiden.

Die äußerste Orangenschale mit einem Zestenschneider oder Schäler ablösen. Orange auspressen und den Saft beiseite stellen. Petersilie (oder Kerbel) waschen und kleinschneiden.

In einer großen Pfanne das Olivenöl erhitzen und die Chicorée-Viertel bei mittlerer Temperatur 5–8 Minuten anbraten. Die Orangenzesten dazugeben und gut verteilen. Orangensaft und Sahne angießen, salzen, pfeffern und sofort servieren.

VORBEREITUNG: 10 MIN.
BRATZEIT: 15–18 MIN.

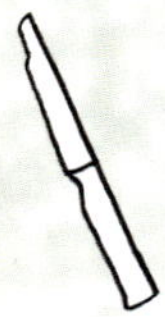

Orangen und Chicorée haben beide im Winter Saison und ergänzen sich ausgezeichnet: Der Orangensaft mildert das leicht bittere Aroma des Gemüses. Für möglichst wenig Bitterstoffe den Strunk des Chicorées gründlich entfernen!

Fenchel im Päckchen

* 4 kleine Fenchelknollen (oder 2 große)
* 2 rote Chilischoten
* 2 Limetten
* 150 ml Olivenöl
* 4 TL Kreuzkümmel oder Anis, nicht gemahlen
* Meersalz »Fleur de sel«
* Pfeffer (Bunte Pfeffermischung)

Für eine Hauptmahlzeit runden gegrillte Geflügelteile, in Scheiben geschnittene Geflügelnuggets oder gebratene Schweinefiletscheiben das Fenchelgemüse ab.

Backofen vorheizen auf 210 °C.
Fenchel waschen, braune Stellen entfernen, die grünen Stiele abschneiden, falls sie zu lang sind. Die Fenchelknollen der Länge nach halbieren oder je nach Größe vierteln.
Rote Chilischoten entkernen und in dünne Ringe schneiden. Eine der beiden Limetten auspressen und die andere in dünne Scheiben schneiden.
4 rechteckige Stücke Backpapier zurechtschneiden, mit Öl bestreichen und je zwei Teile Fenchel darauf legen. Limettensaft und Olivenöl darüber träufeln, mit Chiliringen bestreuen, Limettenscheiben und Kreuzkümmel oder Anis darübergeben. Salzen und pfeffern. Jedes Stück Backpapier mit 1 TL Wasser anfeuchten und mit Küchengarn zu kleinen Päckchen verschnüren. 15–18 Minuten im Ofen backen.
Fenchel aus dem Papier nehmen und sofort servieren.

Diese einfache Garmethode mit Gewürzen **im Pergament- oder Backpapier** verleiht dem Fenchel ein exotisches Aroma. Ebenso gut schmeckt das delikate Gemüse gedämpft, geschmort oder gebraten.

VORBEREITUNG: 10 MIN.
BACKZEIT: 15–18 MIN.

Winterlicher Caesar-Salat

* 4 halbe Hähnchenbrustfilets
* 2 EL Olivenöl
* 1 Knoblauchzehe
* 4 Scheiben helles Graubrot
* 1 Bund Radieschen
* 1 Fenchelknolle
* 1 Handvoll Feldsalat
* 1 Radicchio
* 1 Apfel »Granny Smith«
* Meersalz »Fleur de Sel« und frisch gemahlener Pfeffer

Für die Salatsoße »Caesar«

* 2 Knoblauchzehen
* 100 g Anchovis in Salzlake
* 2 Eigelb
* 2 Priesen *Piment d'Espelette* (ersatzweise Rauchpaprika)
* 100 ml Olivenöl
* 50 ml Sherryessig
* 40 g geriebener Parmesan
* 300 ml Schlagsahne

Salatsoße »Caesar« zubereiten. Zwei Knoblauchzehen schälen. Mit Anchovis im Mixer pürieren. Eigelbe, Chilipulver »Piment d'Espelette« dazugeben und erneut mixen. Olivenöl eingießen und weiter mixen oder mit einem Schneebesen aufschlagen. Anschließend nach und nach Essig, Parmesan und zuletzt die Sahne dazugeben. Bei jeder neuen Zutat kräftig weiter schlagen oder mixen.

Hähnchenbrustfilets in Streifen schneiden. Öl in einer Pfanne erhitzen. Das Hähnchenfleisch unter mehrmaligem Wenden 5–10 Minuten anbräunen. Beiseitestellen.

Eine Knoblauchzehe schälen. Die Brotscheiben rösten, mit Knoblauch einreiben und zu Croutons würfeln.

Radieschen und Fenchel waschen, putzen, trockentupfen und in Scheiben schneiden. Feldsalat und Radicchio waschen, putzen und trockenschleudern. Den Apfel waschen und in Stifte schneiden.

Feldsalat in einer großen Salatschüssel mit Chicorée und Radieschen mischen, Fenchel, Hühnchenfleisch und Apfelstifte hinzufügen.

Caesar-Salat auf Teller verteilen, Knoblauch-Croûtons darüber streuen, mit Soße übergießen und sofort servieren.

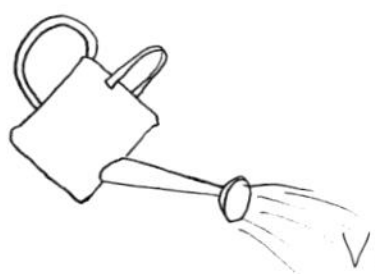

VORBEREITUNG: 20 MIN.
BRATZEIT: 5–10 MIN.

FÜR
4 PERS.

FÜR
4 PERS.

Speiserüben glasiert mit Honig und Gewürzen

* 1 kg Speiserüben (Mai- oder Herbstrübchen)
* 30 g gesalzene oder mild gesalzene Butter
* 4 EL flüssiger Honig (z.B. Akazienhonig)
* 1/2 TL geriebene Muskatnuss
* 1/2 TL geriebener Koriander
* 1/2 TL Ingwerpulver
* 1 Messerspitze Zimt

Rübenkraut abschneiden, Rübchen waschen, schälen und, je nach Größe, vierteln oder halbieren. Sind sie besonders klein, nur waschen und im Ganzen verwenden.
Butter in einem Stieltopf schmelzen, die Rüben hineingeben und sanft goldbraun anrösten. Honig mit Gewürzen dazugeben und gut durchmischen. Erneut 5 Minuten bräunen, dann mit Wasser bedecken und 20 Minuten im geschlossenen Topf dünsten – das Wasser verdampft allmählich, und die Rüben erhalten eine schöne Glasur.
Als eigenes Gericht oder als Beilage zu weißem, gebratenem Fleisch servieren.

Speiserüben

Kleine, zarte Mairübchen sind die besten. Die Herbstrüben sind normalerweise etwas größer. Frisch sind Speiserüben prall und haben eine glatte Haut. Ältere Exemplare sind oft faserig und schärfer oder sogar bitter. Fragen Sie je nach Region nach Bayerischen Rüben oder Teltower Rübchen!

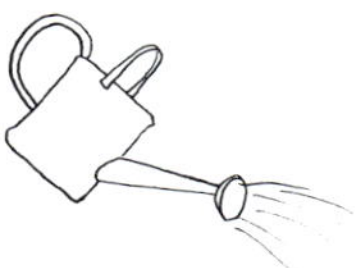

VORBEREITUNG: 5 MIN.
BRATZEIT: 35 MIN.

Pizzette mit Wintergemüse

* 150 g Kürbis
* 200 g Mangold
* 1 Zwiebel
* 200 g weiße Champignons – oder gemischte Pilze
* 100 ml Olivenöl
* 100 g geriebener Cheddar
* 1/2 Bund glatter Petersilie
* Meersalz »Fleur de Sel«

Für den Pizzateig

* 300 g Mehl (Typ 550)
* 10 g frische Hefe oder ein Päckchen Trockenhefe
* 1/2 TL Zucker
* 1/2 TL feines Salz

Für den Teig Mehl in eine große Backschüssel geben und eine Kuhle in die Mitte eine Kuhle drücken. In einem Schälchen Zucker und Hefe mit 160 ml lauwarmem Wasser anrühren. Die Hefemischung in die Mulde gießen und schnell in das Mehl einarbeiten. Beginnt der Teig fest zu werden, auf eine bemehlte Arbeitsplatte legen und 10 Minuten mit den Handballen kräftig durchkneten. Die Teigkugel in eine bemehlte und mit Öl ausgestrichene Schüssel legen, mit einem feuchten Küchentuch oder mit Lebensmittelfolie bedecken und bei Zimmertemperatur mindestens 1 Stunde gehen lassen.

Backofen vorheizen auf 250 °C. Ein Backblech in die unterste Schiene des Backofens schieben.

Kürbis schälen und das Fleisch in kleine Würfel schneiden. Mangoldblätter waschen, trockentupfen und in feine Streifen schneiden. Zwiebel schälen, Pilze putzen und alles in dünne Scheiben schneiden. In zwei Pfannen je 1 EL Öl erhitzen. In der einen das gewürfelte Kürbisfleisch und in der anderen den Mangold gut 8–10 Minuten anbraten. Das Gemüse soll bissfest sein.

Aufgegangenen Pizzateig auf eine bemehlte Arbeitsfläche legen und in vier bis sechs Portionen teilen. Diese zu kleinen, runden Pizzen ausrollen. Mit Olivenöl bestreichen und anschließend mit Kürbis, Mangold, Champignons und Zwiebelringen belegen. Mit geriebenem Cheddar und Meersalz bestreuen. 10 Minuten im Ofen backen.

Petersilie waschen und kleinschneiden. Die Pizzen aus dem Ofen nehmen, mit Petersilie bestreuen und sofort servieren.

VORBEREITUNG: 30 MIN.
RUHEZEIT: 1 STD.
BACKZEIT: 20 MIN.

Gemüseporträts

Hokkaido und Moschuskürbis

Der Hokkaidokürbis ist ein rundlicher Kürbis mit orangeroter Schale. Sein mehliges, süßes Fleisch erinnert an Kastanien. Seine Schale ist essbar. **Der Moschuskürbis** ist länglich, hat festes Fleisch und einen buttrigen, nussigen Geschmack (»Butternusskürbis«).

Radicchio

Der Radicchio bildet rundliche feste, apfelgroße Salatköpfe aus weiß geäderten Blättern Man mischt ihn zumeist mit anderen Salatsorten. Sein leich bitterer, etwas pfeffrige Geschmack verträgt sich aus gezeichnet mit Feldsalat

Knollenziest

Der Knollenziest, oder lat. *Stachys affinis,* auch Chinesische Artischocke oder Japanische Kartoffel genannt, stammt ursprünglich aus Nordchina. Sein Geschmack ist leicht süßlich und erinnert an Artischocken.

Pastinake

Die Pastinake ist eine karottenähnliche, helle Rübe. Ihr gelbliches, elfenbeinfarbenes Fleisch erinnert ein wenig an die Petersilienwurzeln. Ihr Geschmack ist jedoch süßer und fruchtiger. Pastinaken kann man wie Karotten zubereiten und verwenden: in Wasser gekocht, als Püree, in Suppen oder frittiert.

Süßkartoffel

Die Süßkartoffel ist eine süßliche Knolle, die in den Tropen angebaut wird. Man findet sie in den Regalen mit exotischem Gemüse. Ihr Geschmack erinnert an Esskastanien. Sie passt ausgezeichnet zu weißem Fleisch.
Man bereitet sie wie Kartoffeln zu: püriert, gebraten, gebacken, gratiniert, als Pellkartoffel, etc., kann sie aber auch für einen Kuchen verwenden.

Chicorée

Der Chicorée ist ein leicht verdauliches und erfrischendes Gemüse (fast 95 % Wassergehalt) und außerordentlich kalorienarm. Roh als Salat, gebraten, gedämpft oder gratiniert ist dieses Gemüse im Winter sehr beliebt.

FÜR
4 PERS.
Die gelbe Küchenzwiebel hat gerade den richtigen Geschmack
für eine überbackene Französische Zwiebelsuppe.

Französische Zwiebelsuppe

* 4 große, milde Zwiebeln
* 50 g Butter
* 1 EL Olivenöl
* 1 gehäufter EL Mehl
* 4 Scheiben helles Graubrot
* 1 Knoblauchzehe
* 100 g geriebener Käse (Gruyère oder Comté)
* Salz
* Pfeffer (Bunte Pfeffermischung)

Zwiebeln schälen und in feine Ringe schneiden.
In einem großen Topf Butter und Olivenöl langsam erhitzen. Die Zwiebeln bei mittlerer Hitze und unter ständigem Rühren mit einem Holzkochlöffel glasig braten.
Mit Mehl bestäuben, gut durchrühren und leicht anbräunen lassen.
1 ½ Liter Wasser angießen. Salzen und pfeffern. Zum Kochen bringen. Anschließend auf kleiner Flamme 20 Minuten weiter köcheln lassen.
Knoblauchzehe schälen. Die Brotscheiben rösten und mit der Knoblauchzehe einreiben.
Backofengrill vorheizen.
Zwiebelsuppe auf 4 feuerfeste Schälchen verteilen. Jeweils eine geröstete Brotscheibe in jede Schale legen. Mit geriebenem Käse bestreuen und 5 Minuten unter dem Grill gratinieren.
Suppe servieren, sobald der Käse auf dem Brot goldgelb geröstet ist.

Die Sorte »Milde Zwiebel der Cevennen« ist für ihr mildes, süßliches Aroma berühmt. Sie eignet sich gut für salzige Tartes.

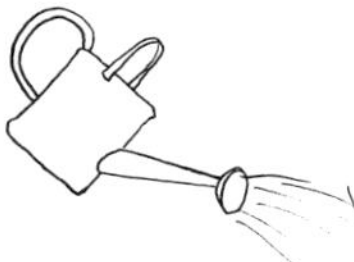

VORBEREITUNG: 20 MIN.
KOCHZEIT: 25 MIN.

Pastinaken-Pommes mit hausgemachtem Dip

* 1 kg Pastinaken
* 3 Stängel glatte Petersilie
* 1 TL Mehl (Type 405)
* 500 ml Oliven- oder Traubenkernöl
* Meersalz »Fleur de Sel«
* Pfeffer (Bunte Pfeffermischung)

Für den hausgemachten Dip
* 1 Joghurt »Natur«, cremig gerührt
* 2 TL Mayonnaise

Pastinaken waschen und wie Karotten schälen. Wie für Pommes frites in Stifte schneiden. Petersilie waschen und kleinhacken.
Pastinakenstifte zusammen mit dem Mehl, Petersilie, Salz und Pfeffer in eine Gefriertüte geben. Plastiktüte schließen und schütteln, bis sämtliche Pastinakenstifte von Mehl umhüllt sind.
Öl in einem Wok oder einem Schmortopf erhitzen. Beginnt das Öl zu rauchen, vom Feuer nehmen, die Hälfte der Pastinaken in das heiße Öl geben und 3–6 Minuten goldgelb werden lassen. Mit einem Schaumlöffel herausnehmen und auf Küchenpapier abtropfen lassen.

Den Vorgang wiederholen, bis alle Pastinaken frittiert sind.
Die Pastinaken-Pommes salzen, in den Dip tauchen und sofort verkosten.

Wer die Pastinaken nicht frittieren möchte, kann sie ebenso gut auf ein mit Backpapier ausgelegtes Backblech legen und 20 Minuten bei 180 °C **im Backofen** garen.

VORBEREITUNG: 15 MIN.
FRITTIERZEIT: 10 MIN.

Süßkartoffel-Crumble

* 800 g Süßkartoffeln
* 1 Knoblauchzehe
* 1 TL Ingwerpulver
* 1 Schuss Olivenöl
* Salz und frisch gemahlener Pfeffer

Für die Streusel
* 50 g Wal- oder Pekannüsse
* 50 g weiche Butter
* 30 g Haferflocken
* 85 g Semmelbrösel
* 1 Schuss Olivenöl
* 1 EL flüssiger Honig
* 1 Rosmarinzweig oder 1 EL getrockneter Rosmarin

Süßkartoffeln waschen und schälen. In 1 oder 2 cm dicke Würfel schneiden. Mit kaltem Wasser abbrausen.
Süßkartoffelwürfel in einen großen Topf mit kochendem Salzwasser geben und 15 Minuten kochen.
Knoblauchzehe schälen und kleinhacken.
Wasser abgießen und die Süßkartoffeln im Topf mit Knoblauch und Ingwerpulver so vorsichtig mischen, dass sie ihre Konsistenz behalten. Salzen und pfeffern. Die Mischung in eine Auflaufform geben und mit Olivenöl beträufeln.
Backofen vorheizen auf 180 °C.
Streusel zubereiten. Wal- oder Pekannüsse grob hacken. Butter, Haferflocken, Semmelbrösel und die gehackten Nüsse in einer Schüssel gut mischen. Olivenöl, flüssigen Honig und Rosmarin hinzufügen. Erneut mischen, bis eine krümelige Konsistenz entsteht. Die Streusel über die Süßkartoffeln verteilen und die Auflaufform für 20 Minuten in den Backofen schieben, bis die Streusel eine goldgelbe Farbe angenommen haben.

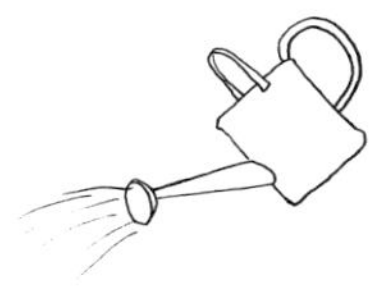

VORBEREITUNG: 25 MIN.
BACKZEIT: 35 MIN.

Lauch-Pfanne mit Herzmuscheln

* 1 kg Herzmuscheln
* 5 dicke Lauchstangen
* 1 Schalotte
* 1 Brühwürfel
* 200 ml Weißwein
* Meersalz und frisch gemahlener Pfeffer

Muscheln zum Entsanden für 2 Stunden in eine große Schüssel geben, mit kaltem Wasser bedecken und eine Handvoll grobes Meersalz darüberstreuen.
Von den Lauchstangen die äußeren Blätter und den Wurzelansatz entfernen. Lauch sorgfältig waschen und diagonal in schmale Ringe schneiden. Schalotte schälen und kleinschneiden.
Herzmuscheln unter kaltem Wasser mehrmals spülen, um Sand und Salz abzuwaschen.
In einem großen Topf oder Wok den Brühwürfel in 100 ml Wasser auflösen. Die kleingeschnittene Schalotte sowie die Lauchringe hinzufügen und bei mittlerer Hitze köcheln lassen. Dann die Muscheln und den Weißwein dazugeben und die Temperatur erhöhen. 10–15 Minuten kochen lassen, bis der Lauch weich ist, sich die Muscheln geöffnet haben und der Wein verdunstet ist.
Pfeffern und sofort servieren.

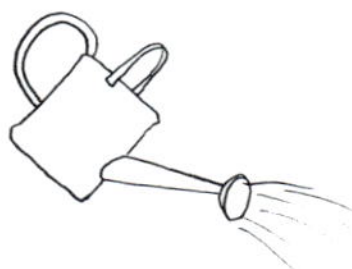

Lauch

Lauch oder Porree ist das Wintergemüse schlechthin: Man kann es dämpfen, als Salat mit einer würzigen Vinaigrette (Nussöl, Petersilie und Koriander), als Suppe und überbacken zubereiten. Lauch passt sehr gut zu weißem Fleisch und geräuchertem Fisch.

WÄSSERN: 2 STD.
VORBEREITUNG: 20 MIN.
KOCHZEIT: 20 MIN.

FÜR
4 PERS.

FÜR
4 PERS.

Orecchiette mit Lauch und Räucherwurst

* 500 g Nudeln »Orecchiette«
* 3 Stangen Lauch
* 300 g Räucherwurst
* 1 kleine, milde Zwiebel
* 100 ml Olivenöl
* 100 ml trockenen Weißwein
* Salz und Pfeffer (Bunte Pfeffermischung)

Nudeln in einen großen Topf mit sprudelndem Salzwasser geben und 12 Minuten kochen lassen. In ein Sieb abgießen, mit kaltem Wasser abspülen und im Sieb belassen.
Äußere Blätter der Lauchstangen und Wurzelansatz entfernen. Den Lauch sorgfältig waschen und in dünne Ringe schneiden.
Räucherwurst in kleine Würfel oder Scheiben schneiden. Zwiebel schälen und kleinhacken.
In einer tiefen Pfanne oder einem gusseisernen Schmortopf Olivenöl erhitzen, Räucherwurst hineingeben und 2 Minuten unter ständigem Rühren leicht anrösten. Lauchringe und Zwiebeln hinzufügen und 5 Minuten weiter braten.
Weißwein leicht anwärmen, die Lauchmischung damit angießen und umrühren. Die »Orecchiette« dazugeben und unter Rühren 3 Minuten erhitzen. Wenn nötig, pfeffern und salzen. Noch einmal gut durchmischen und sofort servieren.

VORBEREITUNG: 15 MIN.
KOCHZEIT: 25 MIN.

Topinambur-Auflauf mit Lammhack und Pfefferminze

* 700 g Topinambur
* 1/2 Bund Pfefferminze
* 600 g Hackfleisch vom Lamm
* 1 Zwiebel
* 1 Schuss Olivenöl
* 2 EL Crème Double
* 1 EL Semmelbrösel
* 1 EL geriebener Parmesan
* Salz und frisch gemahlener Pfeffer

Pelez les topinambours à l'aide d'un couteau

Topinambur mit dem Sparschäler schälen, kurz abbrausen und in Scheiben oder kleine Würfel schneiden. Topinamburstücke in sprudelndem Salzwasser 20 Minuten weichkochen.

10 Pfefferminzblätter kleinhacken, unter das Hackfleisch mischen. Zwiebel schälen und klein schneiden.

Olivenöl in einer Stielpfanne sanft erhitzen und die Zwiebeln anbraten. Hackfleisch dazugeben und 5–10 Minuten unter häufigem Rühren weiter braten.

Backofen vorheizen auf 180 °C.

Kochwasser abgießen, Topinambur mit der Gabel zu Brei zerquetschen und die Crème double einrühren. Salzen, pfeffern und erneut mischen.

Eine Schicht Hackfleisch in eine Auflaufform füllen, die restlichen Pfefferminzblätter darüber streuen und mit einer Schicht Topinamburpüree bedecken.

Mit Semmelbröseln und geriebenem Parmesan abschließen. 20–25 Minuten in den Ofen schieben, bis die Kruste eine goldbraune Farbe angenommen hat.

Die länglichen, rosafarbenen oder blassgelben Topinamburknollen ähneln im Geschmack den Artischocken. Daher auch der Beiname »Jerusalem-Artischocke«. Topinambur wird in Salzwasser gekocht oder im Dampf gegart mit Crème fraîche oder Bechamelsoße serviert, sowie zu Püree oder Soufflés verarbeitet.

VORBEREITUNG: 15 MIN.
KOCH- U. BACKZEIT: 45–55 MIN.

Trüffelkartoffel-Pfanne nach Großmutterart

Trüffelkartoffeln

Die Vitelotte oder blaue französische Trüffelkartoffel ist aufgrund ihrer violetten Färbung leicht zu erkennen. Man findet sie immer häufiger auf unseren Wochenmärkten. Trüffelkartoffeln haben eine kurze Garzeit und eignen sich besonders für Pürees. Die Vitelotte ist eine delikate Beilage zu Kalbsbraten oder Fisch in der Salzkruste und Lammschulterbraten. Die ungewöhnliche Farbe ihres Fleisches wirkt auf dem Teller sehr dekorativ.

* 1 kg Vitelotten
* 100 g mild gesalzene Butter
* 1 Bund Schnittlauch
* 1 TL Meersalz »Fleur de Sel«

Backofen vorheizen auf 180 °C.
Kartoffeln waschen und – falls sie größer als eine Walnuss sind – halbieren.
Mild gesalzene Butter in einem Bräter schmelzen, die Kartoffeln hineingeben und bei schwacher Hitze braten. Sobald die Kartoffeln Farbe annehmen, Hitzequelle ausschalten, 200 ml Wasser angießen und den Deckel schließen. Zugedeckt für 30 Minuten in den Backofen stellen.
Schnittlauch waschen und klein schneiden. Schmortopf aus dem Ofen nehmen, Deckel öffnen, Schnittlauch und Meersalz über die Kartoffeln streuen. Heiß servieren.

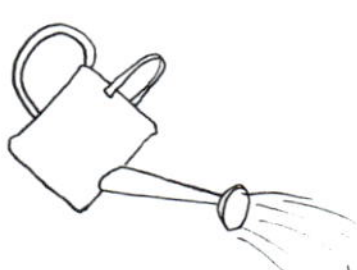

VORBEREITUNG: 10 MIN.
GARZEIT: 40 MIN.

Kürbiscremesuppe

* 1 Hokkaidokürbis, ca. 2 kg
* 20 g Butter
* 1 Messerspitze Zimt
* 1 Messerspitze Muskat
* 2 TL Rohrzucker
* 200 ml flüssige Sahne
* Salz und Pfeffer (Bunte Pfeffermischung)

Hokkaidokürbis halbieren, Kerne und Fasern im Inneren mit einem Löffel ausschaben. Anschließend den Kürbis in Spalten teilen und grob würfeln. Die Schale ist essbar. Nicht abschneiden!!
Butter in einem Schmortopf schmelzen, das Kürbisfleisch hineingeben und 5 Minuten anrösten. Salz, Gewürze und Zucker dazugeben, mit Wasser bedecken und 20 Minuten köcheln lassen.
Mit einem Messer prüfen, ob das Kürbisfleisch weich ist. Eine kleine Portion Kochwasser in eine Schüssel abfüllen. Anschließend das Kürbisfleisch pürieren und nach und nach dabei wieder etwas Kochwasser zuführen, bis die gewünschte Konsistenz erreicht ist. Die Sahne einrühren. Heiß servieren.

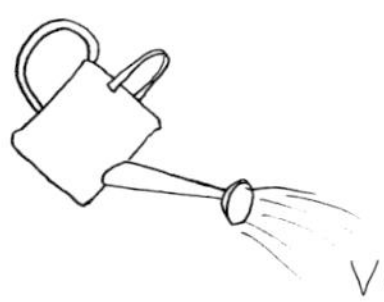

VORBEREITUNG: 15 MIN.
KOCHZEIT: 30 MIN.

Marinierter Schwarzer Winter-Rettich auf japanische Art

Diese Rettichzubereitung ist eine ideale Vorspeise und wesentlich gesünder als Chips oder Erdnüsse.

* 1 Schwarzer Winter-Rettich
* 1 Bund Radieschen
* einige Stängel glatte Petersilie oder Schnittlauch
* 100 ml japanische Sojasoße
* 1 EL Rapsöl
* 1 EL Sesamöl

Winter-Rettich und Radieschen putzen und kurz abbrausen. Kräuter waschen und kleinschneiden. Rettich und Radieschen mit einem **Gemüsehobel in hauchdünne Scheiben schneiden.** In Rosettenform auf Teller legen. Sojasoße und Öle darüber träufeln und Petersilie oder Schnittlauch darauf verteilen. Die belegten Teller eine Stunde in den Kühlschrank stellen.
Gut gekühlt mit kleinen Zahnstochern servieren.

Winter-Rettich

Der Schwarze Winter-Rettich wird ausschließlich aus Aussaat gezogen (von Mai bis Anfang August) und 2 Monate später geerntet. Bekommt er wenig Wasser, entwickelt er mehr Schärfe. Man isst ihn roh, geraspelt oder in Scheiben geschnitten und kurz gebraten.

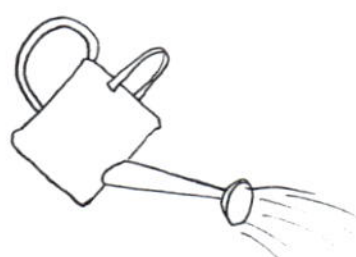

VORBEREITUNG: 15 MIN.
ZIEHZEIT: 1 STD.

FÜR
4 PERS.

Eintopf aus der Auvergne

* 1 dicke Scheibe geräucherter, durchwachsener Speck
* 1 kg Schweineschulter
* 4 Karotten
* 4 Kartoffeln
* 2 große gelbfleischige Speiserüben
* 4 Stangen Lauch
* 2 Zwiebeln
* 2 Gewürznelken
* 1 Wirsing
* 2–4 Räucherwürste
* grobkörniger Senf
* grobes Meersalz
* Pfefferkörner

Räucherspeck in dicke Streifen schneiden.
Schweineschulter und Speck in einen großen Schmortopf mit kochendem Wasser geben und 20 Minuten kochen. Aus dem Wasser nehmen und abtropfen lassen.
Karotten, Kartoffeln und Rübchen waschen, schälen und in große Stifte oder Würfel schneiden. Die äußeren Blätter von den Lauchstangen entfernen. Die Stangen sorgfältig waschen und halbieren.
Zwiebeln schälen und mit Nelken spicken.
Zwiebeln, Karotten, Speiserüben und Lauch, die Schweineschulter und den Speck in einen großen Topf geben. Mit Wasser bedecken und 35 Minuten kochen.

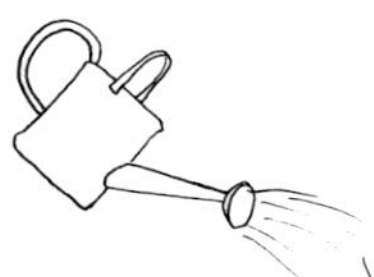

VORBEREITUNG: 30 MIN.
KOCHZEIT: 1 STD. 15 MIN.–1 STD. 30 MIN.

Wirsing halbieren, äußere Blätter entfernen. Nur das Innere verwenden und kurz in Essigwasser waschen.
Etwas grobes Meersalz und Pfefferkörner in den Kochtopf geben und anschließend Kartoffeln, Wirsing und Räucherwürste hinzufügen. Bei geschlossenem Deckel 20–30 Minuten weiterkochen.
Dieses Eintopfgericht mit grobkörnigem Senf servieren.

Eintopfgerichte wie dieses sind im Winter unschlagbar! Es existieren zahllose Variationen mit und ohne Fleisch. Dieser Gemüseeintopf aus dem französischen Zentralmassiv ist eigentlich eine typisch bäuerliche Suppe, deren Gemüsezutaten unpüriert bleiben. Ebenso gut schmecken übrigens Knoblauchwürste oder kleine Nudeln als Zutaten.

VERLAGSGRUPPE PATMOS

PATMOS
ESCHBACH
GRÜNEWALD
THORBECKE
SCHWABEN

Die Verlagsgruppe
mit Sinn für das Leben

Rezepte: Camille Antoine
Fotos: Nathalie Carnet

Camille Antoine dankt Marlène Dispoto für ihre Hilfe,
den Töpfern von »Jars« (www.jarsceramistes.com)
und der Firma Caravane (www.caavane.fr) für die Keramikgefäße
und die anderen dekorativen Gegenstände.

Umschlaggestaltung: Finken und Bumiller, Stuttgart
Umschlagabbildungen und Fotos im Innenteil: Natalie Carnet
Gestaltung: Claire Morel Fatio
Druck: Graficas Estella, Spanien
ISBN 978-3-7995-0566-6